Wenn alte Ängste sind...

in uns Menschen sind

die uns berühren

in der Tiefe berühren

Impressum

Bibliografische Information der Deutschen Nationalbibliothek:

Die Deutsche Nationalbibliothek verzeichnet diese Publikation in der Deutschen Nationalbibliografie; detaillierte bibliografische Daten sind im Internet über http://dnb.dnb.de abrufbar

Weitere Mitwirkende:
Fabia Caminada - Spirituelles Zentrum Rheinschlucht
Gunnar Meier - www.gunnarmeierphotography.com
Oline Popp – Cover

Herstellung und Verlag:
BoD – Books on Demand, Norderstedt

ISBN 9783744899857

Wenn alte Ängste sind...

Wenn alte Ängste sind...

Über diese Schrift

Wenn die Wahrheit spricht
zu uns Menschen spricht
als das reinste Elixier spricht

dann schwinden die Sorgen
und die alten Ängste...

weil es dich einlädt
ja, weil es dich einlädt zu folgen
deinem Licht-Sein zu folgen

Wenn alte Ängste sind...

4

Wenn alte Ängste sind...

Diese Schrift richtet sich an,

dein Ganzes Sein.

deinen Fest-Stofflichen Körper,

so wie an deinen Fein-Stofflichen Körper.

deinen Verstand, dein Denken,

deine Verhaltensmuster,

deine Handlungsweisen,

deinen Körper, deinen Geist,

dein Herz, deine Seele,

deine Energie, dein Bewusstsein,

deine Liebe,

dein Licht Sein.

An deine ureigenste,

in dir liegende Wahrheit.

Amen

Wenn alte Ängste sind...

Diese Schrift ist, durch mein im Dialog mit der Schöpfung sein, entstanden.

Es ließ mich horchen, jahrelang in tiefliegende Zusammenhänge fühlend und ganzheitlich wahrnehmend hineinhorchen. So kam zu Tage, auch diese Licht-Botschaft zu Tage, die uns in ein ganz anderes Verständnis betreffend Angst hineinführt.

Ja hineinführt. Denn es ist eine geschriebene Hineinführung in das Geheimnis der Existenz.

Sie führt dich, sofern du es zulässt, mit all deinen Sinnen, deinen Fest- und Fein-Stofflichen Sinnen in das Geheimnis hinein und lässt dich dieses auf allen Ebenen deines Seins erfahren – Ganzheitlich erfahren.

Dieses Ganzheitlich ist von großer Bedeutung. Denn ohne das gefühlte „Sehen" kannst du nicht die Ganzheit – sprich in die ganzen Zusammenhänge die sich dahinter verbergen, sehen.

Du kannst nur immer Teilaspekte sehen und so z.B. bei einer Empfindung von Angst nicht in ihre Ursprünglichkeit und in das was sie dir Sagen möchte, sehen.

Verstehst du?

Wenn alte Ängste sind...

Diese konkrete Botschaft, bereitet dich auf eine ganz andere Sicht im Umgang mit Angst vor.

Und sie führt dich in das wahre Verständnis, welches sich jeweils hinter der vordergründigen Angst befindet, hinein.

Als reine Gnade empfinde ich dies.

Denn auf einmal wird aus etwas Undefinierbarem, welches in unserer Gesellschaft einfach mal als Angst bezeichnet wird, obwohl die meisten Menschen dieses Phänomen nicht einmal genau orten können, etwas ganz Wegweisendes und Liebevolles.

Und aus Irrtümern erwächst Berührung, Freude, Elan, Liebe...

Und nun wünsche ich dir eine ganz, ganz wunderbare Reise in dieses Thema hinein.

Möge sie dir deine Augen und deine Bereitschaft dich allem was sich in dir offenbaren möchte, öffnen.

In großer Liebe und Verbundenheit

Karoline Steinmann Frey

Wenn alte Ängste sind...

Wenn alte Ängste sind...

Inhalt

Wenn alte Ängste sind...

10

Wenn alte Ängste sind...

11

Warum diese Schrift so kostbar ist...

Weil sie dir Gutes tun kann. Weil sie aus dem Bewusstseins-Feld der Liebe zu dir spricht. Weil sie dich eigenständig in eine ganz andere Da-Seins-Welt führt. Eine Welt zum Wohle Aller.

In dieser Da-Seins-Welt gibt es keine Unterordnung oder Überordnung. Keine Wertung, Verurteilung, Täuschung, Trennung oder Abgrenzung. In dieser Welt kann Alles sein was IST. Miteinander, Nebeneinander, Durcheinander. Nicht mehr und nicht weniger.

Das ist das Leben, so wie es im Ursprung geschaffen IST.

An genau dies dürfen wir uns erinnern. In dieser Da-Seins-Welt dürfen wir Menschen uns begegnen - in unserem Ursprung. Denn das vereinigt und beseelt uns.

Wenn alte Ängste sind...

Wer schrieb diese Schrift?

Mein Name ist Karoline Steinmann Frey. Als Mystagogin und Licht-Botschafterin erhalte ich Botschaften zum Leben auf der Erde aus dem Licht – aus der Sicht der Liebe.

Diese Licht-Botschaften sind nicht von mir als Mensch geschrieben. Sie wurden lediglich durch mich gesprochen und aufgeschrieben.

Die Licht-Botschaften wurden von mir so weitergegeben, wie sie zu mir gekommen sind.

Unzensuriert durch Rechtschreiberegeln. Um gewisse Worte in ihrer Ausdruckskraft zu unterstützen, sind sie in einer Art von Kunstschreibweise geschrieben.

Wenn alte Ängste sind...

Über die Licht-Sprache & die Licht-Botschaften

Die Lichtbotschaften kommen in Lichtsprache daher.

Dies ist eine Form der Ur - oder Seelensprache, die direkt mit unseren Zellen kommuniziert und uns eine Wieder- bzw. Neuorientierung in den Ur-Frequenzen ermöglicht. Es ist eine zutiefst liebevolle, einladende und klingende Sprache.

Eine Sprache, die in unserem Kulturkreis längst vergessen wurde.

Es ist Zeit, dass diese verstummte Stimme von uns wieder erhört wird.

Die Licht-Sprache lässt uns bedeutungsvolle Botschaften für unser Leben auf Erden zukommen.

Sie lässt uns „nach Hause" kommen.

In die Lebenshaltung der Liebe - des Lichts. In unser ureigenstes Sein.

Wenn alte Ängste sind...

Naturbelassene Poesie

In poetischer Versform sprechen sie durch ihren Klang und ihre Schwingung direkt mit unserem Unterbewusstsein. So beziehen sie unser ganzes Mensch Sein ein.

So werden sie von uns auf ureigenste Weise gefühlt und verstanden - und ermöglichen uns tiefe Einsicht in Themen die für uns Menschen von WIRKLICHER Bedeutung sind.

Auf diese Art lüften die Licht-Botschaften in uns den Schleier der unbewussten, persönlichen Kleinhaltung.

Sie führen uns in eine übergeordnete Seins-Weise, die die Welt aus den Augen der Liebe, des Lichts und der Verbundenheit sieht.

Sie stärken unser Bewusstsein für das Leben wie es aus der Sicht der Liebe IST.

Wenn alte Ängste sind...

Zu innerer Wahrheit & Klarheit

Das Lesen dieser Botschaft ist viel mehr als die Inspiration eines schönen Gedichtbands. Es ist ein konkreter Wegweiser zu innerer Klarheit und Wahrheit.

Weil sie dich mit deinem tief in dir liegenden Wissen in Verbindung bringt.

Weil sie dich in das Geheimnis der Existenz führt.

Wenn alte Ängste sind...

„Es ist ein Licht zum Wohle aller
weil es alles so sieht wie es IST

nicht wie es von den Menschen gedacht
oder gemacht ist

du bewegst dich dann so
hinter allem was IST

du bewegst dich so nicht in Verurteilungen
Ansichten

du bewegst dich dadurch eine Stufe
weiter hinten

hinter allem was IST
so wie es ursprünglich gedacht IST

ohne die klein machende und unterteilende
menschliche Sicht"

Ich wünsche dir kostbare Momente mit der Licht-Botschaft. Und dabei, sie in dein Leben zu tragen. Für dich.

Von Herzen

Karoline Steinmann-Frey

Wenn alte Ängste sind...

Die Lichtbotschaft

Wenn alte Ängste sind...

in uns Menschen sind
die uns berühren
in der Tiefe berühren

dann lass dich berühren
in deiner Tiefe berühren
denn sie sind da
um dich zu berühren

ja denn sie sind da
um dich ganz tief in dir zu berühren

sie berühren dich
weil vieles in dir nicht mehr so muss sein
wie du meintest
dass es in dir müsse sein

drum lass dich berühren
von diesen Ängsten berühren

sie helfen dir weiter
in deinem Leben weiter
in deinem mit dir so sein weiter

Wenn alte Ängste sind...

ja sie helfen dir weiter

Ängste haben wir
weil wir nicht anders gelernt
mit unserem Innern haben gelernt
zu kommunizieren haben gelernt

weil wir nicht haben gelernt
auf uns zu hören haben gelernt

auf das Leben zu hören
auf alles was IST haben gelernt zu hören

ja all diese Ängste sind
aus diesem Grunde sind
weil wir nicht können verstehen
die wahre Gestalt dahinter können sehen
ihren Ursprung können sehen
ihre Form
ihr Kommen
ihr aus dem Unsichtbaren-Sein kommen

so sind wir gelaufen
immer Jahre von ihnen davongelaufen
überall sind wir hingelaufen
ja buchstäblich überall sind wir hingelaufen

Wenn alte Ängste sind...

19

doch nie zu den Ängsten gelaufen
nie zu ihrem Ursprung gelaufen

weil wir dachten
ja weil wir dachten

nur weil wir dachten
es müsste etwas Schlechtes sein
etwas das uns unwohl will sein
ja nur etwas
dass uns will unwohl sein

doch unwohl will uns gar nichts sein
nur unser Denken
unser Denken will mit uns unwohl sein

unser über uns denken

stell dir mal vor
mehr ist es nicht
willst du dies überhaupt denken

ja willst du dies überhaupt denken
dass mehr es nicht ist

selbstgemacht haben wir all diese Ängste
in unserer Kultur
in unserem Verhalten

Wenn alte Ängste sind...

einfach nur selbst gemacht
durch all das Sagen selbstgemacht

was für ein eigenartiges Sagen
dass dies macht

ja was für ein eigenartiges Sagen
dieses über die Ängste sagen

nur weil sie nicht wussten wie
wie sich verhalten
wie sich den inneren Empfindungen
gegenüber verhalten

aus diesem Grunde schlechtgemacht
ja nur aus diesem Grunde schlechtgemacht

und schon reagierst du
auf dieses schlechtgemacht
nicht bewusst schlechtgemacht
ganz unbewusst schlechtgemacht
und schon reagierst du
auf mannigfaltige Weise

der eine so
der andere so

Wenn alte Ängste sind...

so wie du grad weißt
im Moment weißt darauf zu reagieren
auf Empfindungen in dir
mit dir zu reagieren

doch im Grunde wartet
eine Liebkosung wartet
ja doch im Grunde wartet
lediglich eine Liebkosung wartet
eine Botschaft wartet
eine ganz persönliche Botschaft wartet

schon längst auf dich wartet
in deinem Geiste wartet
in deinem Bewusstsein wartet
in deinem Felde wartet

um dir zu sagen
mehr über dich und dein Leben zu sagen
mehr über dich und das was ist zu sagen

mehr will sie nicht
wie dich erlösen
dich aus deinen Bedenken erlösen
dich aus alten Verstrickungen erlösen

sie will dich erlösen
aus der Unwissenheit erlösen

Wenn alte Ängste sind...

mehr ist sie nicht
mehr beabsichtigt sie nicht

vielleicht müsste man sie umbenennen
nicht mit Ängsten benennen

vielleicht einfach mit
was ist denn DA benennen
was klopft an meine Tür benennen

was bringt mich da gerade weiter benennen
was kitzelt da
ganz tief in mir
und schreit hurra
ich bin da
ich liebe dich
so wie du bist
schau mich an
schau dich an
denn wir sind das Gleiche
vom gleichen Kern

erkennst du dich
erkennst du mich
vom Gleichen gemacht
wir beide sind

Wenn alte Ängste sind...

ja vom Gleichen gemacht
wir sind
von der Liebe gemacht

wir beide sind
von der reinen Liebe gemacht
wir sind

lass uns dies zusammen erkennen
ja lass uns dies zusammen erkennen
und wir
ja und wir
können zusammen Alles erkennen
was da klopft an die innere Tür
was sich meldet
bei uns meldet
tief in uns meldet
und sagt
hallo
wer da
bist du zu Hause

Ich liebe dich
für das du bist da

kannst du mich hören
ganz fein in dir drin

Wenn alte Ängste sind...

in mir drin hören
ich liebe dich
für wahr
ich liebe dich

mehr ist es nicht
dass ich dir grad wollt sagen

ja mehr ist es nicht
wie ich liebe dich
so wie du bist
mehr ist es nicht

doch genau dies wollte ich dir heute sagen
genau um diese Zeit sagen
an diesem Ort sagen

denn
denn
denn es gibt nichts Wichtigeres
wie dieses ich liebe dich
dir zu sagen

dir genau heute zu sagen
dir in deinem Innern
aus deinem Innern zu dir selbst zu sagen

ja denn mehr gibt es nicht

Wenn alte Ängste sind...

was sollte ich dir denn sonst so wichtiges
sagen

überleg dir Mensch
ja überleg dir Mensch
was du dir im Leben immer so alles lässt
sagen

was du dir von außen lässt sagen
über das Leben lässt sagen

wo hörst du hin

da wo es unangenehm wird
hörst du da hin

oder hörst du lieber da hin
wo dir dein wahres Selbst etwas über dich
und das Leben sagen will

ja wo hörst du hin
lieber Mensch wo hörst du genau hin

hör da mal hin
hör da mal ganz genau hin

Wenn alte Ängste sind...

und lass dir sagen
was dich einst so unstimmig gestimmt
in deinem Leben so unstimmig gestimmt
dass du dich nun musst fürchten
vor dem was tief in dir ist musst fürchten

ja wo kommt das her
dieses Bild her

ja wo kommt das wirklich her
dieses Bild her
dass du dich musst fürchten
vor so manchem musst fürchten

nicht wohl gesinnt
ja dir nicht wohl gesinnt
dieses Bild vom Leben

ich sage dir
dir lediglich nicht ganz wohl gesinnt
dieses Bild vom Leben

dieses dir implizierte Bild vom Leben

denn es will dir suggerieren
etwas Dunkles suggerieren
dass gar nicht so ist
wie es IST

Wenn alte Ängste sind...

dass gar nicht so ist
wie es IST
dargestellt ist

das ganz anders IST

viel offener IST
Liebe IST

ja reine Liebe IST
in seinem Kommen reine Liebe IST

nun lieber Mensch
lasse ich dich mal verdauen
dieses Sagen verdauen

um dann gemeinsam weiter zu schauen
in diesem Thema

wenn du bist wieder bereit
dein ganzes Selbst ist bereit
sich selbst zu getrauen
da hinein zu gehen

mit mir da hinein zu gehen
um zu sehen
was da WIRKLICH gerade IST

Wenn alte Ängste sind...

verstehst du

es ist nichts Böses
es ist dir wohl gesinnt
lieb gesinnt

es spricht mit dir
mit deinem inneren Kind
mit einer alten Verletzung

die längst nicht mehr muss sein
in deinem Leben muss sein
in deiner Empfindung muss sein

in deinem
in deiner Energie
deinem Unterbewusstsein
deiner
deiner Seelenordnung

Halleluja
was für eine Ordnung

die göttliche Ordnung
die Weltenordnung

so anders
so durch und durch anders

Wenn alte Ängste sind...

die eine zu deinem Wohle bestimmt
die andere zu deinem
zu deinem
ja zu deinem was eigentlich genau gemeint

so werden wir übernommen
von falschen Glaubenssätzen übernommen

bis wir halb benommen
ja buchstäblich bis wir halb benommen sind
von dem was nicht IST sind

so einfach ist es
mit den Ängsten
mehr ist es nicht

ein nicht Wissen Wie
und was WIRKLICH IST

Ich wünsche dir einen wunderbaren in dich
hinein fühlenden Tag

Denn was sonst ist ein Tag?!

Wenn alte Ängste sind...

Über die Lichtbotschafterin

Karoline Steinmann Frey

Mich interessiert, um was es im Leben wirklich geht...

Ich bin 1963 geboren - verheiratet - und erhalte seit vielen Jahren so genannte Ursein Sagen – Botschaften „zur aktuellen Zeit" aus der Sicht der Liebe.

Mystagogin*, Lichtbotschafterin, Aufweckerin

Mystagogie ist die Kunst, Menschen in das Geheimnis ihres eigenen Lebens, der Welt und zugleich Gottes hineinzuführen.

Wenn alte Ängste sind...

In meinem Wirken bin ich in gefühltem Kontakt mit dem, was hinter allem steht.

Mit dem Licht - der geistigen Welt - dem Göttlichen. Über dies kann ich mein Licht Sein empfangen. Mein Licht heilt von Unterdrückung, alter Moral und die täuschende Sicht auf das, was WIRKLICH IST.

Ich BIN eine Heilerin der Sicht, eine Mystagogin und eine Botschafterin...

des Lichts
der Würde
der Hingabe
des natürlichen Sein
des miteinander Seins
des würdig Seins

Wenn alte Ängste sind...

Mein Wirken

In meiner Tätigkeit bin ich an einem Punkt
der Barmherzigkeit - Treffpunkt universeller
Energie - das Eigentliche.

So habe ich die Gabe wahrzunehmen und zu
hören, was in diesem Moment gelebt werden
möchte - doch von den Meisten übersehen
oder für unbedeutend gehalten wird.

Dies drückt sich dann durch mich in
unterschiedlichen Formen aus. Über die
Sprache, in so genannten Licht-Botschaften,
meistens in Poesie, einer Form von
Ursprache – Seelensprache – Zellsprache.

Sie kommuniziert direkt mit den Zellen und
dem Unterbewusstsein - über die Arbeit mit
dem Körper oder über das Energiefeld.

Ich ermögliche den Menschen dadurch, mit
ihrer eigenen Spiritualität - dem Geheimnis
der Liebe - der Wahrheit des Lebens, auf die
alle Weisheiten hinzeigen, in Kontakt zu
kommen.

Wenn alte Ängste sind...

Ich als Person habe nichts zu sagen.

Ich - man ist besser still.
Dann erst kommt das wahre Sagen.

Aus der Stille.
Aus dem Bewusstsein für das Feld.

Mehr Informationen über Karoline
und ihr Wirken findest du:

www.spirituelleszentrum.ch

Wenn alte Ängste sind...

Weitere Schriften und
Lichtbotschafts Bücher:

- Das Bewusstsein vom alten Paradies
- Was Leben WIRKLICH IST
- Wir sind kosmische Wesen

- Weitere Bücher sind in Bearbeitung

Wenn alte Ängste sind...

Herausgeber: Karoline Steinmann Frey

Urheberrecht

Hinweis

Haftungsausschluss

Wenn alte Ängste sind...